바보인 내가 좋다

인문학 시인선 029

바보인 내가 좋다
김정곤 제4시집

제1쇄 인쇄 2025. 3. 15
제1쇄 발행 2025. 3. 20

지은이 김정곤
펴낸이 민윤식
펴낸곳 인문학사

등록번호 제 2023-000035
서울시 종로구 종로19(종로1가) 르메이에르빌딩 A동 1430호
전화 : 02-742-5218

ISBN 979-11-93485-26-2 (03810)

ⓒ김정곤, 2025
Printed in Seoul, Korea

*잘못 만들어진 책은 본사나 구입하신 서점에서 교환하여 드립니다.
*이 책은 저작권법에 의해 보호받는 저작물이므로 저작자와
 출판사의 서면동의 없이는 무단 전재와 무단복제를 금합니다.

인문학 시인선 029

김정곤 제4시집
바보인 내가 좋다

인문학사

시인의 말

때로는 침묵이 말보다 더 좋을 때가 있다.
때로는 말이 침묵보다 더 나을 때가 있다.
침묵이 필요할 때 입을 다물고
말이 필요할 때는 거침없이 말하는 것,
그것이 진정한 시인이다.

언제, 꽃이 필 때 요란한 말을 하던가?
언제, 꽃이 질 때 부산스럽게 지던가?
조용히 피고 말없이 지는
꽃을 닮은 시인이고 싶다.

야단법석 떨지 않고도
제 역할을 다하는 삶을 살다
꽃이 지듯 그렇게 떠나고 싶다.

꽃의 묵언수행을 배우며
조금만 더 살고 싶다, 나는.
나는, 향원은
그렇게 살다, 그렇게 가고 싶다.

나는 바보인 내가 좋다.

       2025년 봄을 지나며
       김정곤

contents

005 시인의 말

제1부 – 나에게로 오세요

012 귓속말
013 익어가는 계절
014 헤어진다는 것은
015 비밀의 정원
016 건망증
017 그리움에 대한 분석
018 정원 정신과에서
019 내가 시를 쓰는 이유
020 정신과 의사
022 쉽게 쓰는 시
023 화분 속의 꽃 한 송이
024 바보인 내가 좋다
026 말과 글
028 나에게로 오세요
030 촛불
032 맷돌
033 18분
034 나는 시가 쓰고 싶다
036 없어도 있다
038 집으로 가는 길
039 시인과 정신과 의사

제2부 - 세상이 바뀐다

042 노당키
043 어깨 처진 소나무
044 오솔길
045 세상이 바뀐다
046 닥콩이를 환영하며
048 시인이라는 이유로
049 '효도'라는 과자
050 세상이 하도 변해서
052 들판에 홀로 서 있는 나목
054 인연.
055 서해 바다에 서면
056 모래시계
057 멸치밥
058 오늘은 오늘의 태양이 떠오르고.
059 침묵의 이유
060 넋두리
062 전쟁 아닌 전쟁
064 나라를 위한 새벽 기도.
066 서리꽃
067 그리움
068 광안리 해변

제3부 – 황혼역으로 가는 버스

070 등대
071 아무 말도 하지 않았다
072 꿈과 바꾼 잠
073 새벽 기도
074 황혼역으로 가는 버스
076 밤을 가지고 놀다
077 내가 사랑하는 가을
078 낙엽
079 가을밤은 바람둥이
080 골목길
081 어미와 아들
082 텃밭에서
083 늦바람
084 바람난 파도
085 외로움
086 밤의 해변
087 겨울비
088 사랑이 강물처럼
090 몽환의 숲
091 고요가 머무는 시간
092 여린 시절의 추억
093 가을 연가
094 칠흑빛 가을밤에

제4부 – 태화강변에서 뒤돌아보다

098 침묵의 강
099 정동진 해변에서
100 임대차 인생
102 겨울 갈대
103 까치밥
104 담쟁이
106 침묵의 가로등
107 새벽 송가
108 종착역을 향해
110 언덕에 올라서서
112 나의 백발에게
113 출항
114 낙엽에게 전하는 말
115 나에게 전하는 말
116 도루묵
117 그대에게 가는 길
118 통곡
120 빛과 소리
121 습설
122 미처 몰랐다
124 동짓날 밤
125 겨울 새벽 단상
126 초승달

발문

127 한국 시단에 외계인처럼 착륙한 자연산 시인의
새로운 도전과 삶의 성찰/민윤기

제1부

나에게로 오세요

귓속말

잘 못 알아들어도 좋습니다
무슨 말인지 몰라도 좋습니다

귓속말은 먼 기적소리처럼
아련히 멀어져간
쑥 향기 풍기던 어느 여인의
옷깃에서 세어 나오던 내음새

귓속말은
강변의 살얼음 아래로
은근슬쩍 가까이 와 있는 봄 같아서

귓속말은
칼바람 제치는 따사로운 햇살
같아서
언제들어도 좋습니다

귓속말은
언제들어도 봄이니까요

익어가는 계절

시간이 익어가고 꽃무릇이 익어간다
감도 따라 익어가고 단풍도 한껏 익어간다
밤도 익어 입을 쩍쩍 벌리면
질세라 우리 사랑도 익어만 가고
억새도 익어가며 부르르 몸을 떤다
어디 익어가는 것이 비단 가을뿐이랴
주고받고 나누는 정 하늘도 부러워하네

헤어진다는 것은

헤어진다는 것은
아픔을 애써 참는 것이다

헤어진다는 것은
사랑을 애써 부정하는 것이다

헤어진다는 것은
그동안의 흔적을 지울 작정을 하는 것이다

헤어진다는 것은
함께 했었던 시간을 추억 속에 가두는 것이다

헤어진다는 것은
인연의 사슬을 끊는 것이다

헤어진다는 것은
사랑하는 이의 가슴에 옹이를 박는 일이다

그래도 헤어진다는 것은
자신이 잔인하다는 것을 자인하는 것이다

비밀의 정원

잠겨 있지 않은 문을 열고
정원으로 살며시 들어서면

어둠을 밀어내는 햇살인 양
고요한 듯 소리인 듯 잔잔한
음악이 호수의 잔물결처럼 흐르고

내밀한 사연을 간직한 언어들이
침묵한 이들의 잔잔하지 않은 숨결 속에
숨어 펄떡이고 있고

정원 한 구석에는 말보다 더 진한
언어들이 사열하듯 도열하고 있네

비밀의 정원에는 비밀을 비밀처럼
간직한 애환들이 넘쳐나고 있어

어제와 오늘을 치환하는 은밀한 작업
새 삶을 이식하는 소리 없는 작업

건망증

서산에 지는 해
노을에 반해 떨어지는 줄 모르고

창공에 나는 철새
연애질에 시간 가는 줄 모르고

가을 달밤에 취한 시인
밤 깊은 줄 모르고

그리움에 대한 분석

아스라이 떠오르는
첫 사랑 얼굴 같아서

무시로 피어나는
물안개 같아서

아련한 옛적 추억
떠올리는 기적소리 같아서

몇 해 전
세상 떠나신 어머니 얼굴 같아서

오래 전 헤어진
여인의 뒷모습 같아서

그리움을
그리움으로도 달랠 수 없는

구름 뒤에 숨어 우는
그믐달 같아서

정원 정신과에서

나는 매일 정원*에 간다
붉은 색 등대와 하얀색 등대가 내려다보이는 정원에 간다
하얀 색 등대는 출항을 돕고
붉은 색 등대는 입항을 돕는다

오늘도 숱한 사연 뱉어내고 있는 파도가 반긴다
어깨를 축 늘어뜨린 나약한 친구가 내 앞에 앉는다
우울과 싸우다 지친 친구도 내 앞에 앉는다

환우들은 정원에 올 때는 찡그리고 왔다가
집에 돌아갈 때는 웃으면서 간다
나는 오늘도 종일 정원에 있다가
뿌듯한 마음으로 집으로 간다

*정원 : 김정곤의 '정'과 김종원의 '원'을 결합하여 지은
이름이 '정원'이다. 종원은 김정원 시인의 아들이며
정원정신건강의학에서 함께 진료하고 있다.

내가 시를 쓰는 이유

내가 시를 쓰는 이유는
아직도 인간이 덜 되었다는 것이지

내가 늦깎이 시를 쓰는 이유는
내다버릴 쓰레기가 너무 많다는 것이지

내가 시를 버리지 못하는 이유는
시시한 이야기에도 철학이 있어서지

내가 시를 사랑하는 이유는
사람이 그리운 것이지

내가 한참 모자란 시를 쓰는 이유는
그리움을 그리움으로 달랠 수 있어서지

내가 시를 쓰는 진짜 이유는
마냥 시를 사랑하는 때문이지

사랑하는데 무슨 이유가 필요한가
첫사랑을 아직 못잊는 것과 같지

정신과 의사

환자에게 배운다
정신과학 교과서 첫 페이지에 나오는 말이다

원장 선생님은 참 재미있겠네요
오만 때만 말을 다 들을 수 있으니까요

시인님은 참 좋겠어요
소재가 무궁무진하니까요

작가님은 수필 쓸 때 참 신이 나겠네요
일기 쓰듯이 적기만 하면 수필이 되니까요

정신과의사는 참 좋겠네요
밑천 별로 없이 입만 가지고도 개업이 되니까요

원장님 사모님은 참 행복하시겠어요
모든 이야기를 끝까지 잘 들어주니까요

선생님은 참 좋겠네요
매일매일 돈 받고 소설을 들을 수 있었어요

정신과의사는 참 인생경험이 많겠어요
직접 경험, 간접 경험이 워낙 많으니까요

정신과의사는 참 행복합니다
팔순을 바라보는 지금도
매일 환우들에게 돈까지 받아가며 배우고 있으니까요

쉽게 쓰는 시

아침 출근길에 아들이 말한다

"아빠는 시를 참 쉽게 쓰시네요."

이 세상에 쉽게 쓰는 시는 없다
내 시의 한 행은 내 살을 태우는 것이고
내 시의 한 연은 내 뼈를 깎는 것이다

밤새워 책상 앞에 앉아 끙끙대는
아빠를 본 적이 없는 까닭이다

화분 속의 꽃 한 송이

햇살 화려한 오후
새들의 웃음소리 요란한
옥상에 올라 보니
내다버린 화분 속에
어느새 피어 있는
이름 모를 꽃송이
주소도 본적도 모르는
내 새끼손톱보다 작은
노오란 꽃들의 가냘픈 얼굴
둘 넷 여섯 여덟 열
서로 마주보며 도란거리는 소리
가만히 귀 기울여 들어 보니
감사로 가득한 찬송가 한 구절

바보인 내가 좋다

칠순을 넘긴 여태도 무엇을 잘못 하고 있는지 모른다
내 손에 쥐어준 떡도 얼른 먹지 못해 주춤거리다 빼앗기고
울고만 서 있던 일곱 살 때나
퍼주지 못해 안달 난 지금이나
나는 바보처럼 산다

무엇이든 자기 것은 소중한 법인데
여태도 나는 무엇이 소중한 것인지 모른다
산수는 지독히도 못해 매번 틀린다
더하기를 해도 시원찮은 삶인데
자꾸 빼기만 한다

통장에 적혀 있는 숫자를 보며 정산하면
바보로 살고 있는 것 같기는 한데
언제 어디쯤에서 사달이 난 것인지
어쩌다가 잔고 바닥이 보이는지
나는 모른다

연말정산을 할 때면
해마다 듣는 아내의 지청구
제발 이제 바보짓 좀 그만 하세요

이 소리 올해는 안 듣고 싶었는데
말짱 도루묵이다

나이 들면 저절로 철든다 했는데
아는 것도 생긴 것도 찰지지 못하니
세월이 가면 밥보나 바보 아닌 정신과의사가 되려나
그저 나를 바라보기만 해도 행복해 진다면
지금도 나는 바보가 좋다

말과 글

ㄹ은 뾰족하다
뾰족한 것은 날카롭고 위험하다
뾰족한 것이 날아다니면
누군가에는 깊은 상처를 남긴다

말에도 뾰족한 ㄹ이 달려 있다
무심코 던진 직장상사의 말 한마디에
사표를 던져야 할 만큼 내상이 깊다
던진 자는 모른다 얼마나 아파하는 지를

글에도 날카로운 받침이 달려있다
예사로 쓴 글이 어떤 이에게는 찬사가 되고
어떤 이에게는 비아냥이 된다
같은 시각에 같은 장소에서 보았는데

말은 긴 창끝보다 뾰족하다
작정하고 던진 말에 받은 상처는
쉽게 아물지 않는다
스스로 치유하기엔 버겁다

글은 잘 벼린 칼끝보다 날카롭다

지워도 자국은 여전히 남는다
멍든 가슴에 멍을 덧칠하면
똬리를 틀고 앉아 옹이가 된다

-「말과 글」전문

나에게로 오세요

나에게로 오세요
빈 배 노 저어 나에게로 오세요

핍박을 받으며 질곡의 삶을 살고 있는 그대
진정한 자유를 찾으려면 나에게로 오세요
빈 배 노 저어 나에게로 오세요

무거운 짐을 짊어지고 지쳐 비틀거리는 그대
근심 보따리는 방파제 암벽 뒤에 던져두고
빈 배 노 저어 나에게로 오세요

갈증과 굶주림에 허기진 청춘들아
계곡을 헤집고 다니는 허망한 바람일랑
구름 친구에게 맡겨두고
빈 배 노 저어 나에게로 오세요

해변을 무시로 드나들던 갈매기 떼조차
떠나버린 황량한 바다에 미련 두지 말고
빈 배 저어 나에게로 오세요

얽히고설킨 인연의 끈에 묶인 그대

구차한 변명 보따리 해변에 묻어두고
빈 배 노 저어 나에게로 오세요

절망의 바다 건너 저 푸른 언덕에는
새 생명을 예약하는 희망의 노래
합창하는 시인들의 푸른 미소가 기다리고

촛불

오늘 밤은 크리스마스이브
해마다 찾아오는 이브이거늘
나는 오늘 밤 공연스레 경건해진다

달랑 촛불 하나 켜놓고 어둠을 밝힌다

어둠 속 도시의 야경은 오늘 밤따라
더 휘황찬란하다

서서히 타오르는 촛불 하나
어둠과 더불어 절망을 부여안고
창밖으로 뛰어 내린다

찬연한 불빛 뒤에 숨어 우는
슬픈 영혼들은
자그마한 촛불 하나에도 온기를 느낀다

예수그리스도의 탄생을
그 어느 때보다 애타게 기다리는
나라사랑하는 늙은 시인은

저 희미한 촛불 하나에서도
이해와 배려와 용서를 간구한다

때늦지 않은 평화와 사랑을
애타게 기다린다

맷돌

함박눈 내린 장독대 한 구석에
우두커니 앉아 있는 맷돌 하나
소복한 눈 속에
먼지를 잔뜩 안고 있다

언제 어디로 보냈는지
어처구니는 없어진 지 오래

맷돌이란 이름 없는 맷돌되어
혼자 외롭다

오래된 낡은 어르신 얼굴 닮아
주름만 가득하고

지팡이에 의지해 겨우 겨우 거동하는
노인네처럼 억지로 돌려야하는
맷돌 하나

덕지덕지 세월의 더께에 갇힌 어르신 닮은
어처구니가 없어진 맷돌은
오늘따라 더 슬프다

18분

아침 명상 15분
어제를 버리고 오늘을
내 머릿속에 담는다
아침 기도 3분
오늘 만날 환우들을
내 가슴 속 깊숙이 담는다

나는 시가 쓰고 싶다

나는 시가 쓰고 싶다
아무리 시시껄렁한 이야기라도
철학은 있다
시시한 이야기를 시로 옮기면
또 다른 숨결로 다시 살아나
시시껄렁한 이야기야말로
얼마나 진솔한 삶을 담고 있는지
일렁이는 파도 속에 담겨도
흘러가는 구름 따라 하늘에 흩어져도
시는 남는다.

나는 시가 쓰고 싶다.
죽고 싶다 죽고 싶다 되뇌는
친구들을 위해 쓰고 싶다
새로운 것은 언제나 낡은 것들 속에서
싹트나니
새살은 상처 위에서 돋아나나니
가진 것이 못 가진 것보다 많다는 것
일깨우고
새로운 숨결 활활 타는 불길로
꺼지지 않은 사랑의 불길이

그대 가슴 속에 있다는 것을 알게 하는
그런 시를 나는 쓰고 싶다.

새로운 사월을 시작하는 아침
나는 새 생명을 실어 나르는 나룻배가 되고
희망의 전도사가 되는 사공이 되듯
그렇게 시가 쓰고 싶다.

없어도 있다

공기의 실체를 본 적이 있는가?
바람의 실체를 본 적이 있는가?
마음의 실체를 본 적이 있는가?
사랑의 실체를 본 적이 있는가?

공기를 만져본 적이 있는가?
바람을 만져본 적이 있는가?
마음을 만져본 적이 있는가?
사랑을 만져본 적이 있는가?

낮달이 구름에 가려 보이지 않아도 있다
저녁노을 속으로 해가 사라져도 있다
낮에는 별이 보이지 않아도 있다
강물이 흐르고 흘러 바다로 가도 있다

공기도 있다
바람도 있다
마음도 있다
사랑도 있다

눈에 보이는 것만이

존재하는 것이 아니다
만질수 있는 것만이
존재하는 것이 아니다

존재하는 것은
마땅히 있다

집으로 가는 길

이슥한 밤 집으로 가는 길
호젓이 홀로 걷는
태화강변 은하수 길

이름 모를
풀벌레들 합창소리
깊어가는 가을빛을 찬양하고

고요가 깊어
적막을 데려 온 대숲에는
밤안개 자욱한 가로등이 졸고 있네

지팡이에 의지한 채
더듬더듬 한 발짝 한 발짝
나아가며 남긴 발자국

뒤돌아보니
아득하니 먼 길
지나온 험한 삶의 흔적 같아서

외로움 가슴 속에 묻어두고
호젓이 홀로 걷는
태화강변 은하수 길

시인과 정신과 의사

당신은 시인입니다
당신은 정신과 의사입니다

하늘을 훨훨 나는 뭉게구름을 보고
공원 놀이터에서 마음껏 뛰어노는 어린이들의
와자지껄한 웃음소리 들으며
들판에 피어있는 꽃향기를 맡으며
허공을 지나는 한 점 바람을 느끼며
맨몸으로 서서 차디찬 겨울을 견뎌내는 나목을
어루만지며
오감을 통해 시를 짓는 당신은 정신과 의사입니다

험한 세상을 안전하게 건너가게 하는
든든한 다리가 되고
거센 강물을 건너는 쪽배의 사공이 되고
천둥번개가 쏟아지는 바닷가에 홀로 서서
불 밝혀 난파선을 인도하는 등대가 되는
시인인 당신은 정신과 의사입니다

이 세상 모든 시인은
하늘에서 빛나는 별과 같습니다
산에 들에 피어있는 꽃과 같습니다

시인인 당신은
진정한 정신과 의사입니다

제2부
세상이 바뀐다

노당키*

아무 말 하지 않아도
아무 일 하지 않아도
시간은 흘러 흘러가는데

다가오지도 않은 걱정을
공연히 당겨서 하는 우리

동전보다 작은 걱정을 키워
곧 무너질 것 같은 태산을 만드는 우리

걱정을 당겨서 하지 말고
걱정을 키워서 하지 말자

노당키는 신경안정제보다
백 배 더 좋은 약이다

대부분의 심적 스트레스는
내 자신이 스스로 만들어내는
찌꺼기에 불과한 것이다

*노당키 : '노'는 no, '당'은 당기다, '키'는 키우다의 줄임말

어깨 처진 소나무

구름 문 열리며 내려앉은 산세
자비 가득 무량도원 운문사 뜰에
연화와 월령의 전설을 듣고 자란
푸른 정기 그윽한 오백년 노송
부처님 대자대비 설법에 열중이네

오솔길

봄을 재촉하는 햇빛 곱게 내리는 오솔길을
느릿느릿 가는 화물차 한 대

사람 대신 복주머니 가득 싣고
새해 선물 배달 가는가 보다

외로움 가득 안고 홀로 사는
할머니 집 문 앞에
쓸쓸한 겨울을 애써 견디는
할아버지 집 문 앞에

아무 말 없이
복주머니 하나씩 내려놓고 가거라

부디 건강하세요
부디 행복하세요
항상 웃음 가득 하세요

복주머니 속에 들어 있는
격려 문구 한 구절에
그리운 손주 얼굴 어린
어르신들 시름은
눈처럼 녹아내리네

세상이 바뀐다

나는 내일 바뀐 세상에서 살게 될 것이다
오랜 기다림 끝에 또 다른 세상맛을 보게 된다

기다리고 기다리던
난초꽃이 피었을 때의
환희를 맛보게 될까?
고난의 습작기를 거쳐
등단을 했을 때의 희열을
느끼게 될까?

첫 손주를 보면 세상이 달리 보인다니
나는 내일부터 바뀐 세상에서 살게 될 것이다

닥콩이*를 환영하며

밭어진 바닷가에
끊임없이 부딪히는 파도소리가

그렇게 어마어마한 줄은
미처 몰랐다

닥콩이 울음소리가
그렇게 어마어마한 줄은
미처 몰랐다

자그마한 손짓 발짓이
장차
어마어마한 일을 해 낼 것이다

엄마의 품속이 얼마나 포근한지
아빠의 어깨가 얼마나 넓은지
닥콩이는 곧 알게 될 것이다

지혜롭고 자애로운
씩씩한 어린이로 자란다는 것
실로 어마어마한 일이다

무뚝뚝한 늙은 할아버지를
울린다는 것은
참으로 어마어마한 일이다.

*닥콩이 : 손주의 태명

시인이라는 이유로

나는 통곡한다
남편이 하늘나라로 소풍을 떠난 날 이후

5년 만에 나는 또 통곡을 한다
가족이 죽은 것도 아니고
친구가 죽은 것도 아니고
사기를 당한 것도 아닌데
나는 통곡한다

애국자라서도 아니고
정치를 하는 것도 아닌데
단지 시인이라는 이유로
나는 통곡한다

'효도'라는 과자

효도라는 과자는 어디서 파나요?
아들에게 폭행당한 억울함을 호소하기에
울컥하는 마음 애써 달래고
그 아들 불러서 조용조용 조언을 했다

효도하라는 말은 한 마디도 안했다
우화를 빌려 효도가 무언인지 설명하던 차
농담 같지 않은 농을 나에게 던진다
"그 효도라는 과자는 어디서 파나요?"

기가 찬다는 말,
코가 막힌다는 말이
어떤 것인지 이제는 알겠다
아무리 부모는 스폰서에 불과하다지만
이건 아니다
정말로 이건 아니다.

세상이 하도 변해서

기가 찬다
세상이 하도 변해서

불효하는 아들 때문에   이 골병들어
제대로 먹지도 자지도 못한다는 환우
그 아들 불러서 효도라는 단어를
내 입 속에서 뱉어내자 그 아들
그 효도라는 과자는 어디가면 살 수 있어요?

기가 찬다
세상이 하도 변해서

같은 사무실에서 근무한 지가 2년이나 지난
직장 동료가 사무실에서 스쳐갔을 뿐인데
성추행했다고 진단서 끊어서 고소한단다

기가 찬다
세상이 하도 변해서

손주가 내일 모레면 초등학교 입학을 하는데
아직 단 한 번도 아들 집에 가본 적이 없다니
어쩌다 어른들이 죄목 없는 죄인 신세가 된 것인지

기가 찬다

세상이 하도 변해서

둘이서만 있을 때는
며느리가 귓속말을 한단다
행여 시어머니가 휴대폰으로 녹음할까봐
다정한 듯 귓속말을 한다는데
"야! 시엄마. 결혼 반대하더니 지금 기분은 어때?"

기가 찬다
세상이 하도 변해서

이제 그만 폭로 해야겠다
나한테 그 누가 명예훼손죄를 걸어
고소를 할지도 모르니까

기가 찬다
세상이 하도 변해서

그래도 나는 아직 해야 할 일이
너무나도 많아 울화가 치밀어도
정신과 상담실을 지켜야 한다

들판에 홀로 서 있는 나목

허허로운 들판에 홀로
알몸으로 서 있는 나목 한 그루
속절없이 내리는 눈을 감사로 받는다

맥박이 빨라진다 빨라진다
이파리 하나 둘 제 몸을 벗길 때도
침묵했던 너

후회하지 않은 것은 숨길 수밖에 없는
애절한 사연

봄비에 눈꽃이 스러져갈 무렵
땅속 깊이 숨겨둔 삶의 애틋함 꺼내
따사로운 햇살로 풀을 먹이면

살포시 돋아나는 푸르름
들판에 흩날리는 나목의 하얀 아우성

겨우내 앓던 빈혈도 어느새
봄 안개처럼 사라지고

환희의 뜨거운 피가
온 몸을 적시면
아직도 이별할 수 없다는 외침

살아있는 것에는
저마다의 이유가 있다는 웅변

인연

어디 허튼 만남이 있을까?

실마리조차 찾기 어려운 인연의 실타래

만남과 헤어짐은
하늘에 떠도는 뭉게구름 같은 것

우연이든 운명이든
오늘 내가 만나는 모든 이가
내 첫사랑이라면?

서해 바다에 서면

겨울 입구를 서성거리다
서해 바다에 서면

넘실거리는 파도 속에
사랑 가득 찰랑거리네

따사로운 햇살 가득
바람의 투정을 잠재우고

호흡을 잠시 멈춘 서해바다는
내다버리지 못한 그리움 가득한

내 어머니 품속 같은
내 마음의 고향

모래시계

멀어지듯 다가오는 그 시간
다가오듯 멀어지는 그 시간
둘이 하나 되어 뭉쳐지는 그 시간

끝 간 데 없는 모래시계
다시 한 곳에 모이고
우리 언제 헤어진 적 있었던가

다시 골백번 물어봐도
대답은 하나 뿐

우린 순간 헤어진 적은 있어도
영원히 이별한 적은 없다
답하네.

멸치밥

친구들은 나를 '멸치밥'이라고 부른다
멸치도 아니고 멸치밥이란다.

아무리 키가 작고
덩치가 작아도
멸치밥이라니

나도 엄연히 이름이 있는데
멸치밥이라니

엄마 아빠는 나를
큰 곰이라고 부르는데
멸치밥이라니

오늘은 오늘의 태양이 떠오르고

어디 미련 가득한 날들이 어제 뿐이었을까?

반성과 후회로 점철된 어제의 시간
온전히 추억의 창고에 보관해두고

실개천 살얼음이 풀리는 오솔길 따라
새로운 오늘을 데리고 나서는 출근길

혹한도 부끄럽게 하는 따사로운 햇볕은
두꺼운 얼음장 아래로 살며시 흐르는
봄의 전령사에게 정다운 귓속말 전하네

봄이 멀지 않았으니 희망송가 준비하라고

오늘은 오늘의 태양이 떠오르고

침묵의 이유

한 겨울 앙상한 나무 가지에
달랑거리며 힘겹게 매달려 있는 마지막 잎새
를 보면
안쓰러움 달랠 길 없어
나는 침묵한다

헐벗은 나목 위로
소복소복 눈이 쌓일 때
하마 나목이 옷을 제대로
입지 못할까봐
나는 침묵한다

밤이 깊어 칠흑 속 고요가
무너질까 두려워
침묵으로 적요를 지킨다

넋두리

생전 처음 휴진한 금요일 오후
모처럼 만에 성당을 찾았다

텅 빈 성당 마당을 차디찬 바람이
오가며 부지런히 청소를 한다

엄동설한에 몸을 움츠릴 수도 없는
예수 껴안고 선 성모상은
춥다 못해 애처롭다

그 앞에 쓸쓸히 홀로서서
쓸쓸한 넋두리를 쓸쓸히
늘어놓고는

작별인사도 없이
온 찜질기 대신
쓸쓸함이란 놈 껴안고
돌아서는 내 어깨에는
외로움이란 놈이 매달리고

추위에 떨고 서 있는 성모상이

애달프고 애처로워
다하지 못한 넋두리는
허공에 날려 보내고
쓸쓸히 돌아서는 내 발길

내 발길에 차이는
아직도 남은 넋두리

평일 오후 넋두리는
쓸쓸한 것이로구나

전쟁 아닌 전쟁

나는 켜고 아내는 끈다
나는 말없이 켜기 바쁘고
아내는 말없이 끄기 바쁘다
잠시라도 전등불을 켠 체 방을 비우면
어느새 꺼버리는 아내
잠시 만에 켰다 끄기를 반복하면
전기세가 더 많이 나오는데도
열심히 끄고 다닌다
책상에 앉았다가 거실에 아무렇게나 쌓아둔 책무더기에서
필요한 책을 간신히 찾아 방으로 왔는데
그 사이 또 내 방 전등불이 꺼져 있다
변비 때문에 화장실에서 뜸을 들이다 나오면
어느새 아내는 책상 스탠드 불까지 알뜰하게 끄고
온 데 간 데가 없다
어릴 때부터 절약 정신이 몸에 짙게 밴 아내는
이제는 지청구도 지쳤는지 말없이 끄고 나가버린다
50년 가까이 함께 살았는데도
아내는 내가 얼마나 질뚝 없는 지를 여태 모른다
방으로, 거실로, 화장실로 다니며
불끄기 바쁜 아내
오십 년 가까이 곁에서 지켜봤는데도

나는 아내의 버릇인지 습관인지 여태 모른다

이제는 어쩔 수 없다
나는 말없이 켜기 바쁘고
아내는 말없이 끄기 바쁘다
메뷔우스의 띠 같은
이 전쟁 아닌 전쟁이 언제 끝날지
나도 아내도 모를 일이다

나라를 위한 새벽 기도

주여!
어제도 그랬듯이 오늘도
저 멀리서 붉은 해가 여명을 가르며
힘차게 솟아오르고 있습니다.
희뿌연 새벽안개를 달래며
또 다른 오늘을 기약합니다.
이 나라는 여전히 적멸의 밤처럼 혼동 속에 있습니다.
늘 은혜 베풀어 주셨듯,
조속한 시간 안에 이 나라가 평정을 찾고
발전의 고삐를 다시 조일 수 있게 하여 주시옵소서!
저토록 우매한 정치 지도자들 마음속에 가득한 욕심들을
꺼내서 저 멀리 동해바다로 던져 버리는
지혜와 용기를 주시옵소서!
진정으로 자신의 아집을 버리고 오로지 서민들의
각박한 삶을 제대로 돌아 볼 수 있는 혜안을 주시옵소서!
무릇 정치란 국민들의 마음을 따스하게 해주는 것입니다.
아픈 가슴을 어루만져 하루하루를 어제보다 나은
내일로 만들어 갈 수 있는 희망을 품게 하는 것이 정

치입니다.

    은혜로운 주님께서 역사하시어 이 나라가 혼돈과 혼미에서

    하루 빨리 벗어나,

    찬연하게 다가올 새 봄을 환희로 맞이하게 하소서!

    어제까지의 고난은 행복으로 가는

    승차권이었음을 증명하게 하소서!

    우리 국민 한 사람 한 사람의 마음속에 역사하시어

    차디찬 겨울이 새 생명을 잉태하는 씨앗이었음을

    진정으로 깨닫게 하시옵소서!

    주님께 간절하게 기도 올립니다.

서리꽃

어느 날 당신은
하이얀 서리꽃 되어
내 집 앞마당에 앉아 있었습니다

모두 떠난 앙상한 나목 가지 위에
말없이 앉아 있었습니다

살포시 미소 짓고 있는 서리꽃 당신
그 옅은 미소 뒤에 숨은 당신의 쓸쓸함

산골짜기를 지나는 한 점 바람을 닮은
서리꽃 당신의 그 쓸쓸함이란 침묵보다
더 무겁습니다

소리 없이 타오르는 붉은 가슴
지긋이 눌러두고
하얀 옷으로 갈아입은 서리꽃 당신

여태도 소리 없이 흔들림 없이 내 앞에
처연하게 앉아 있는 서리꽃 당신
처마 아닌 허공에 매달린 고드름 같은
서리꽃 당신의 얼굴
내 가슴 속 깊이 묻어둡니다

그리움

그리움이라는 것은
무의식 속 깊은 곳에
묻어둔 내 마음의 그림자

그리움이라는 것은
인연을 인연으로 풀지 못한
못다 한 사랑의 파편

그리움이라는 것은
그리움으로도 다스리지 못한
짙은 마음의 부채 같은 것

그리움이라는 것은
내 의식으로도 붙잡지 못한
서산으로 지는 저녁노을 같은 것

광안리 해변

광안리 바닷가는
그리움 가득한 마음의 고향

끝이 보이지 않는 수평선 바라보며
절망을 삼키며 한숨짓던 고아 소년

넘어지고 또 넘어지며
끝내 울음 토하던 그 곳

모든 일이 기도하듯
하라는 깨우침 있어
이를 악물고 기듯 걷듯
파도소리만 들리는 깜깜한 시각까지
모래사장에서 자신과 끝없는
싸움을 하며

자살이라는 몹쓸 것을 바다에
던지고
목발 짚고
허허로운 웃음으로 돌아서던 곳

광안리 바닷가는
그리움 가득한 마음의 고향
나의 어머니

제3부

황혼역으로 가는 버스

등대

오늘도 등대는 침묵 한가운데 있다
하얀색 등대는 출항을 돕느라 숨가프고
붉은색 등대는 입항을 돕느라 분주하다

심심한 파도는 등대 옆구리를
자꾸만 찔러대고
간지럽다 말 못하고 우두커니
서 있는 등대
연신 하품으로 답한다

눈치만 보고 있던 뭉게구름
희죽 희죽 웃으며
파도의 희롱을 즐긴다

아무 말도 하지 않았다

아무 말도 하지 않았다
그는 오늘도 아무 말도 하지 않았다
말이 필요한 사람은 따로 있었다

그는 어제도 아무 말도 하지 않았다
괜찮아서가 아니고 안 괜찮아 말을 안했다

그는 내일도 말을 하지 않을 작정이다
보나마나 말하나 마나 변하지 않을 것이니까

바위보다 가벼운 물이 바위를 깨부수고
내 몸보다 가벼운 바람이 태산을 무너뜨려도

빤히 보고도 못 본 척
듣고도 못 들은 척
눈이 먼 것인지 귀가 먹은 것인지
그리고 그는 아무 말도 하지 않았다

꿈과 바꾼 잠

해마다 이맘때면

하얗게 밤을 밝히며

잠을 꿈과 바꿔 먹는다

신춘문예란

잠 도둑이다

새벽 기도

침묵이 침묵에게 답하는 시간
간절했던 어제의 문답일랑
고이 접어 세월의 덮개 밑에 간직하고

슈퍼 블루문을 가슴에 담아
오늘의 약속에 도장을 꾹 찍는
새벽 묵상에 이은 기도 시간

다가오는 순간순간을 피하지 않고
대면하게 하시고
아무리 힘든 사연을 가진 환우가
찾아오더라도 끝까지 경청하는
인내와 지혜를 주시옵소서

행여 흘리는 눈물이 있더라도
그 눈물을 탓하지 않고
모두 받아주게 하소서

오늘도 밝은 얼굴, 맑은 목소리로
지치지 않고 상담하는 자세를 허락하소서
하여 오늘밤에도 하루를 참 잘살아냈다고
안도하게 하소서, 아멘!

황혼역으로 가는 버스

서산마루 정류장에 서서
황혼행 버스를 기다린다

띄엄띄엄 오는 버스를
속절없이 기다린다

황혼역으로 가는 버스는
매 정류장 마다 머물다 간다

백 원만 내면 누구나 타는 버스
정년을 넘긴 어르신들로 가득하다

황혼역으로 가는 버스는
더디듯 빠르다

가다가 막히면 잠시 정차하고
새로운 길을 만들어
다시 간다

정류장 마다 선다

정류장 마다 내리는 사람들
정류장 마다 타는 사람들

황혼역으로 가는 버스는

서울역만큼이나 붐빈다

어깨가 축 처진 어르신들은
황혼 역으로 가는 버스에서
흘러나오는 흘러간 노래는
그냥 흘려보낸다

뉘엿뉘엿
황금빛 물들이며 지는 해를 바라보며
또 다시 힘차게 떠오를 일출을 기다린다
알찬 내일을 설계하는 늙은 승객들은
어느새 청춘이 되어 희망가를 합창한다

내일 또 내일
우리에게 정년은 없다
내일 또 내일
가슴 벅찬 하루하루가
기다리고 있다

황혼역으로 가는 버스는
백 원만 내면 탈 수 있는
새 희망 가득 실은
멋진 버스다

밤을 가지고 놀다

이슥한 밤에 고요는 깊어만 가고
절대 고독이 슬며시 곁에 다가와
함께 놀자 유혹을 하네

밤과 친구 되어 보이지 않는 길을
적막과 더불어 뒤뚱거리며
찾아나서는 그것은 또 하나의 행복

없는 길을 스스로 만들며
더듬거리며 찾아가는 그 곳
칠흑 속에 찬연히 빛나는 내일 또 내일

내가 사랑하는 가을

단풍이 낙엽 되어 스러져 가고
단감이 홍시 되어 떨어지듯
그윽한 국화 향 친구 삼아

내가 사랑하는 가을은
잔잔한 미소를 뒤로 하고
홀연히 내 곁을 떠날 채비를 한다

어느 가을인 듯 아쉬움 없으랴마는
못내 헤어지기 싫어
그림자 길게 늘어 떨이고

뉘엿뉘엿 지는 저녁노을
주춤거리며 뒤돌아본다

낙엽

겁 없이 내려앉은
내 손바닥보다 작은 참새 한 마리

소슬바람에도 못 이겨
날 듯 날 듯 주저앉는 모양이

지팡이에 몸을 싣고 뒤뚱거리는
장애인인 내 모습 같아

가만히 다가가 보니
이슬 머금은 애처로운 낙엽 한 잎

가을밤은 바람둥이

상현달 유혹에 혼미해진 가을밤이
길을 잃었습니다

점차 늪으로 빠져 들어갑니다

만취한 듯 방향을 잃은 가을밤은
마음 둘 데 없어
흔들리는 가로등 주위를
맴 돌고 맴 돌고

무심한 바람은 모른 척
스쳐 지나갑니다

졸리운 가로등은 공연히
지나가는 바람에게 시비를 겁니다

바람이 가을밤을 깨운 것이 아니고
가을밤이 자고 있는 바람을 깨운 게지요

골목길

고향집 골목길을 돌고 돈다
어디 정겹지 않은 골목길이 있을까마는

반백 년 흐른 후에 찾아온 골목길
발자국 자국 마다
켜켜이 쌓여있는 추억의 편린

술래잡기 하던 친구들 웃음소리 가득하고
싸움박질 하던 친구들 고함소리에
새들은 저 멀리 달아나고

열세 살 어린 나이에
엄마 영정 들고 울먹이며 걷던 형 얼굴
어리둥절 뒤따르던 막내 동생 얼굴

아직도 떠날 줄 모르고
덩달아 엉거주춤 머무는
애잔함 짙게 묻어나는
그 골목길
고향집 골목길

어미와 아들

가을햇살 찬란한 대청마루에 누워
쪼그라질 대로 쪼그라진 어미 젖가슴을
더듬는 사내
다 늙은 아들을 무릎에 누이고 귀지를
파주는 어미

어미 얼굴을 본 적 없는 아들에겐
어미 가슴이 어미 얼굴
아들 목소리를 들은 적 없는 어미에겐
아들 얼굴이 아들 목소리

홍시가 가을이 익어가듯 주렁주렁 익어가고
감나무 가지에선 까치 한 마리 울어 댄다
어미 얼굴 따라 아들 눈도 따라 간다
재작년에 가출한 누이가 돌아온다는 전갈인가

완행열차가 지나가는 소리를 듣고
아들은 어미에게 수화로 전한다
내일쯤에는 누이가 돌아온다고

어디선가 날아온 또 다른 까치 한 마리
홍시를 쪼아댄다
어미와 아들은 푸른 미소를 띄운다

텃밭에서

이제 낡아빠져 버릴 만도 한데 엄마는
오늘도 그 수건 머리에 질끈 동여매고 텃밭으로 간다

일요일인데 뭐하고 자빠졌노?
얼렁 따라나서라카이

호미 한 자루 내 발아래 던지며 지청구다
나한테는 일요일도 없나?
맨날 나만 갖고 그래

하긴 그렇다 술독에 빠져 살던 아버지
몇 년 전 간암으로 억울하지도 않게 먼저 가고
엄마랑 단둘이 친구인지 딸인지 모를
요상한 관계로 살고 있어
이 정도 지청구는 잔소리도 아닌 것으로 치부한 지 오래

햇살이 구름에서 탈출 하자마자
호미 한 자루 들고 텃밭으로 가는
실룩거리는 엄마 엉덩이 따라 삐죽거리며 따라 나선다
휙 돌아서며, 뭐하고 있노? 빨랑 안 오고

또 한 마디 던지는데
그친 줄 알았던 이슬비인지 엄마 침인지
알 수 없는 물방울이 뺨을 때린다
갑자기 내 눈에는 눈물이 그렁그렁

늦바람

아내보다 더 사랑하는 여인
아내보다 더 늦게 만났지만
아내보다 더 사랑하는 여인

잠시만 떨어져있어도
보고 싶은 내 사랑
언제 어디서나 먼저 찾는 여인
칠순이 지나 제대로 세상 보는 눈을
뜨게 한 내 사랑

여유가 무엇인지를 깨우쳐 준 여인
어디를 가든 함께 천천히 걸으며
이해, 배려, 용서를 가르쳐 준 내 사랑

모든 것을 세세히 살피게 해준
지 씨 성을 가진 여인
내 눈을 맑게 해주고, 귀를 밝게 해준
내 사랑

내 평생아내보다 더 사랑하게 된 여인
이 세상 끝까지 함께 할 사랑
죽어서도 내 곁에 있을 내 여자
그녀의 이름은 지팡이!

바람난 파도

단 한 순간도 춤을 멈춘 적 없는 파도가
매혹적인 몸매를 자랑하며
시월을 유혹한다

가쁜 숨소리로 가을과 밀당을 하고
쉼 없이 품어내는 말 못할 사연들은
늙은 시인의 가슴 깊숙이 가두어 둔다

바람난 파도는 거품 물고
불 꺼진 등대를 재촉하는데
파도야 나는 어쩌란 말이냐?

외로움

하늘공원 갔다가 돌아오는 길
참 쓸쓸하다
혼자다
아내도 아들도 곁에 있지만
나는 혼자다
어머니가 단지 속에 혼자 계신 것처럼

밤의 해변

상현달 밝은 미소 갯바람에 어지럽고
파도가 거품 물고 뱉어내는
켜켜이 쌓인 사연
그 무수한 이야기를 밤별은 말없이 듣는다

그 누가 알까
말 못하고 별이 된 저들의 기막힌
사연과 사연을

언젠가는 풀어내야 할 비밀스런 이야기
끝없는 파도가 뱉어내는 그 이야기를
시인은 밤새 가슴으로 밝힌다

겨울비

얼마나 슬픈 일 있길래
이토록 진한 눈물 흘리는가
겨울이 깊어가는 것을 시샘하듯
봄이 빨리 오기를 재촉하듯
하염없이 내리는 겨울비
얼마나 슬픈 일 있길래
이토록 진한 눈물 흘리는가

사랑이 강물처럼

나는 당신을 사랑하고
당신은 나를 사랑한다 했으니
이제 우리는 함께 가야 합니다

당신의 선한 눈매 내 눈동자에 머물고
라벤더꽃 보다 더 진한 당신 향기
내 가슴 깊숙이 갇혔으니
이제 당신은 나의 영원한 포로입니다

골리앗보다 든든한 나의 어깨는
당신의 버팀목이고
다이아몬드 보다 단단한 나의 반석은
당신의 디딤돌이니
이제 나는 당신의 영원한 포로입니다

매일매일 당신과 함께 새벽잠에서 깨어나
새소리 바람소리 들으며
싱그러운 아침
향이 그윽한 모닝커피 마시며
알찬 하루를 설계하겠습니다

때로는 조용히 창문을 열고

우거진 녹음사이로
희미하게 밝아오는 새벽안개를
함께 보겠습니다

힘차게 솟아오르는 일출을 보며
미소 짓는 당신 뺨에
살포시 키스하겠습니다

폭염에 산천초목이 메말라도
폭풍이 몰아치고
천둥번개가 쏟아져도
화석처럼 굳은 우리 사랑 변함 없으리

내 생애 으뜸 선물인
꽃보다 아름다운 당신과 함께
발걸음도 가볍게 휘파람 불며
유유자적 한세상 고이 머물다 가리니
신이여 질투하지 말아 주세요

몽환의 숲

꿈결 같은
가을비 그친 새벽안개 속을
혼자 걷는다

아득해 보이는 십리대숲 저 너머에선
꿈결처럼 흘러 보낸 청춘이 슬그머니
슬그머니 다가와 안부를 묻는다

한 발짝 한 발짝 걸어온 산책길을 돌아보면
지나온 시간 시간들이 몽환의 대숲처럼
아직도 안개 속에 안겨 있고

이어폰에서 흘러나오는 슈베르탱 베르베르
흔적 사이를 헤집고 헤집어
꿈결 같은 시간의 궤적을 펼쳐 보이고

안개를 걷어내는 비갠 후 찬란한 햇살
여인의 환상적인 몸매 드러내듯
내 눈앞에 함께 머문다

고요가 머무는 시간

어슴푸레한 초승달이
황금 들녘 상념을
위로하는 시간

가을 풍경 흐르는 태화강변에 앉아
아스라한 추억의 끄트머리 붙잡고
어제와 오늘을 짜깁기 하는 늙은 시인

깊어가는 가을 밤
고요가 머무는 시간
하얗게 식어가는 오늘을 저울질하고

끝 간 데 없이 흐르는 눈물은
잃어버린 지난 시절을
쓰다듬다 머문다

여린 시절의 추억

깊어가는 가을 따라
짙어가는 옛 이야기

세월의 덮개를 살며시 열며
다가서는 그림자 하나

가을 햇볕에 살포시 말리면
살아나는 여린 시절 인연

그 때 그 시절의 풋풋한
사랑 이야기

켜켜이 쌓인 시간들이 남긴
여린 청춘의 추억

가을 연가

숙성된 그리움은
사뿐히 낙엽타고 내리고

달게 익은 우리 사랑은
홍시 되어 떨어진다

어느 가을인 듯
아쉬움이 없으랴

그림자도 헤어지기 싫은 듯
땅거미를 기다린다

칠흑빛 가을밤에

칠흑빛 밤이 태화강을 관통하고
간간히 지나는 자동차 불빛
어둠을 잠시 밝히다 사라진다

인생이란
잠시 잠간 어둠을 밝히다
사라지는 저 자동차 불빛처럼
덧없이 소멸되는 한 순간의
자동차 불빛 같은 것

침묵이 침묵을 깨우는 밤 시간
깨어있는 나는
서럽디 서럽게 살다간
어머니의 삶을 더듬다가
눈물 짓는다

깊은 밤의 침묵을 깨고
아침 묵상에 젖은
이제는 늙은 아들 시인에게
시인의 삶에 대해
글쓰기에 대해

조용히 일러 주신다

아들아 내가 그랬듯
너도 그렇게
선하게 살다 오너라

제4부
태화강변에서 뒤돌아보다

침묵의 강

말없이 흐르는 태화강
강은 바람을 유혹하고
대숲은 밤바람의 유혹을 마다하지 않는다

가을 풍경 살며시 머금은 태화강변에
흐느적거리며 길게 늘어선 그림자 하나

창가에서 밤이 이슥하도록 서성이는
외로움 달랠 길 없어
천장에 매달고

칠흑의 밤 포로가 된 짙은 그리움
그리움으로도 달랠 길 없어
창가에 걸쳐두고

길고 긴 밤 고독과 씨름하다
지친 영혼을 비벼대며
지나는 달님에게 하소연 띄운다

정동진 해변에서

한가로이 해변을 거니는 아들 둘 앞세우고
아무 일도 없었다는 듯
조용히 뒤를 따른다

겨울답지 않은 겨울은
아쉽게 썰물에 떠내려가고
봄은 수줍은 자태로 밀물을 탄다

햇살은 따사롭고 바람은 수월한데
파도가 토해내는 무념의 기도는 하염없다

청춘들이 되돌아보기 전에
슬그머니 나의 비밀스런 이야기를
파도에 던져버리고
아무 일 없었다는 듯 돌아선다

마치
오늘 여기에
나는 온 적도 없다는 듯이

임대차貸貸借 인생

천천히 다가오는 작별의 시간
계약기간 만료를 예고하는 갖가지 징후

보증금도 없이 전월세 한 푼 내지 않고
살아온 70여 년 임대차 인생

이 세상 어디에 애초부터
내 것이 있었던가?

무상으로 받은 따사로운 햇볕
덤으로 받은 바람 구름 공기

가장 서운한 시간이 이별의 순간이라지만
선뜻 받아들일 수 없는 욕심 아닌 고집

가장 가치 있는 시간은
최선을 다하는 시간이라 했으니

잠시 잠깐 빌려 쓰는
임대차 인생이지만
조금이라도 기간을 늘려봐야겠다

가장 현명한 시간은

위기를 슬기롭게 극복한 시간

가장 아름다운 시간은
사랑하는 시간이라고 했으니

남은 시간이 짧기는 하겠지만
살아있는 모든 것을 마음껏
사랑하다 갔으면 좋겠다

바람 따라 구름 따라 세월에 밀려
나그네처럼 떠돌던 몸뚱어리

양손 어디에도 가져갈게 없는데
아무 곳에나 누이면 그만

미처 못 한 숙제일랑
마무리는 제대로 해야지

임대차 인생이라도
기간연장이라는 것은 있을 테지

겨울 갈대

길고 긴 겨울밤을 온통 그리움으로 채우다
여태도 졸고 있는 가로등 벗 삼아
잃어버린 시간을 찾아 나선다
어둠과 적막 저 편에서
온갖 연민과 숱한 아쉬움 토해내는
갈대 울음소리
겨울 갈대는 홀로 울지 않는다.

까치밥

눈이 내리네
함박눈이 내리네
산에도 들에도 함박눈이 내리네

우리 집 앞마당에도 내리네
앞마당 감나무에도 내리네

눈이 소복소복 쌓인 감나무
가지에 달랑 남은 감 두 개

까치가 왔네
하나 둘 셋 넷
너무 많이 왔네

"까치야! 미안해.
내가 미처 모르고 다섯 개나
따먹었어.
정월 대보름날 아침에 다시 와.
까치밥 많이 많이 챙겨 줄게
정말로 미안해 까치야!"

담쟁이

자그마한 얼굴로 다붓다붓 붙어 있는
잎새들…
북풍한설 거센 비바람에도 아랑곳없이
앙상한 팔 다리로 끝없이 뻗어가는
불굴의 의지

순간순간을 기적 같은 삶으로 품어낸
잎사귀 하나하나마다 묻어나는
수많은 사연 고이고이 간직한 채
자신과의 싸움을 잠시도 멈추지 않고
치열하게 살아 숨 쉬는 담쟁이

화려한 꽃을 피우기 위해
그늘을 외면하는 장미 보란 듯
낮은 자세로 그늘을 향해
또 다른 그늘을 만들어 가는 너

진한 향기는 없어도 장미꽃보다
더 아름답고 고결한 자태

바람에 흔들리는 소리 없는 아우성은

무거운 짐 진 자 마음이 아픈 이들을
불러 모으는 소리

마음이 가난한 나는
시의 바다에 눕고

힘들고 지친 누구라도
담쟁이 비단에 누울 수 있다면
나는 마지막 잎새가 되어도 좋겠다

침묵의 가로등

새벽안개 자욱한 강변에 서면
숱한 사연 간직한 채 묵상 중인 가로등
아쉬움 애써 감추고 홀로 외롭네

떠나는 보름달 환송하며
무심히 흐르는 바람에 눈빛으로 하는 답
일상을 일상으로 보내지 말라 하네

아침이 밝아오면 사라질 가로등
눈가에는 밤이슬이 대롱거리며
내일 밤 다시보자 말없이 손짓하네

새벽 송가

어둠이 초겨울 찬바람에 밀려나는 새벽
멀리서 서서히 다가오는 환희의 송가

오늘을 밝히는 장엄한 태양이 구름을 밀어내고
힘껏 솟아오르며 평화와 번영을 노래하네

어제의 시름은 미련 없이 강가에 뿌려놓고
밤새 묶인 쪽배 풀어 믿음 소망 사랑 가득 담고

힘차게 노 저어 가세 희망노래 부르며 가세
힘들고 지쳐도 꺾이지 않고 행복 찾아 가세

종착역을 향해

침대 머리맡 희미한 조명등 아래
팔순을 넘긴 남편의 얼굴이 맑다

폐암 말기 진단을 받고도
애써 태연한 척 웃음을 흘리던 그

입원한 그날 평생 하지 않았던
여보! 사랑해. 라는 말에
터져 나오는 울음을 가슴 속에 우겨넣었지

평생을 죄인인 양 온몸으로
가족을 건사했던 불쌍한 남자
그는 죄인이 아닌 노예였다

이별의 순간이 다가오면
나는 무슨 말로 그를 위로할까
스산한 바람이 창틀을 훑고 지난다

반세기를 동반자로 곁을 지키면서도
반에 반도 그를 알지 못했는데

종착역을 향해 가고 있는 그의
맑은 얼굴 새근거리는 숨소리
손주의 어릴 적 모습 같아서

다가오는 서러운 회한을 돌려세우고
토닥토닥 조심스레 도닥여 준다
여보! 한 평생 고생 많았어요.

다음에 만날 때는
내가 당신의 남편으로 살게요.

언덕에 올라서서

그렇게 멀리 온 것 같지 않은데
70고개를 지나 언덕에 올라서 보면
지나온 길들이 아득하다

산 넘고 강 건너온 굽이굽이 고갯길
한도 많고 탈도 많았던 사연들이
지나온 계곡마다 나뒹굴고

비바람 헤치며 지나온 골목마다
서리고 아팠던 상처들이 흔적을 드러내
부끄럽고 부끄러워 고개 숙인다

이제는 내려가야 할 시간
지친 영혼을 어찌 달래며 가야하나
지나온 길을 되돌아 갈 수는 없는 일

문득 문득 떠오르는 회한을 달래며
길을 찾고 길을 만들며 가야만 한다
여태 그랬듯 꽃길은 쳐다보기만 하자

늦은 가을 햇볕처럼 가없는 축복은

꽃길이 아닌 음지에서 더 빛날지니
석양이 아름답게 물들고 있는 저 편으로

아직 가보지 못한 그 길이 험하고 험할지라도
바보같이 울보처럼 그렇게 태연히 가자
소풍길 끝이 설령 연옥일지라도 웃으며 가자

나의 백발에게

그동안 많이 미안했다
염색을 한다고 몇 살 젊어지는 것도 아니고
염색을 한다고 얼굴에 광택이 나는 것도 아닌데
공연스레 너를 괴롭혔구나
남에게 잘 보이고 싶은 괜한 욕심이었음을
이제사 알게 된 이 우매함을 탓하렴

출항

미처 깨닫지 못한 미지의 숲이 기다리는
정원으로 칠흑빛 어둠을 더듬어 간다

아직 지지 못한 달과 아직 떠오르지 못한
해가 환한 얼굴로 반겨주는 정원으로 간다

아직 누구의 손도 닿지 않은 그 숲에서
꿈을 가꾸고 꿈을 키우기 위해 한 줌의
밤의 이슬과 새벽의 서리를 다스리러 간다

빛바래고 이끼 낀 세월의 더께를 하나씩 젖혀
한 올 한 올 정성껏 새 옷을 깁자

눈물 젖은 얼굴엔 따사로운 미소로 답하고
쳐진 어깨의 무거운 짐은 나누어서 지자
보이지 않는 찌든 삶의 찌꺼기는 분리수거하자

첫 출항을 힘껏 응원하는 붉은빛 등대 환한 불빛
정원호는 희망을 실어 나르는 작은 범선
힘들고 지친 이들을 쓰다듬는
휴식의 공간, 편한 쉼터

낙엽에게 전하는 말

새벽 첫차에서 방금 내린 나그네처럼
밤을 더듬어온 갈까마귀 한 마리
새벽이슬 머금은 나목 위에서
서럽게 울어댄다

스산하게 흩날리는 단풍잎은
갈 곳을 잃어 허둥대고
가는 가을이 못내 아쉬운 나는
쓸쓸한 마음을 낙엽에게 전한다

가을은 작별의 시간이 아닌
재회의 시간이라고
가을은 상실의 계절이 아닌
상념의 계절이라고

나에게 전하는 말

꽃이 낮에만 피는 것이 아니듯
별이 밤에만 빛나는 것은 아니다

세월이 부질없이 가는 것이 아니다
시간의 덮게 안에 단풍잎처럼 쌓이고
국화 향처럼 그윽하게 한 삶을 적신다

머지않은 훗날 지나간 흔적을 더듬을 때
꽃처럼 별만큼 아름다웠다 느낀다면
자랑스럽지는 못해도 나름 보람 있으리

바람이 스산하게 가을을 흠뻑 적시면
나는 은행잎이 날리듯 사뿐히 내려앉는
저 음악처럼 스스로 위로의 말 전한다

도루묵

입맛이 없어도 먹어야 사니까
도루묵 두어 마리 휑한 밥상에 얹어놓고
이리 뒤척 저리 뒤척 뒤적이는데

물에 말은 밥알들은 입속에서
제멋대로 노닌다

도루묵보다 더 한심한 처지가
서러워 밥그릇에 떨어진 눈물보다
더 서럽다

60평생을 허드렛일 하며 모은 돈
이자 몇 푼에 눈멀고 귀멀어
사기꾼에게 공양하듯 바치고 나니

푸른 하늘도 노랗게 변하고
노상 듣던 대중가요도 소음으로 바뀌고
기다리던 카톡 소리도 잡음처럼 들린다

말짱 도루묵이란 말
나를 두고 하는 말
도루묵 뒤적이며 내뱉는 말

말짱 도루묵 인생

그대에게 가는 길

노오란 은행잎이 시간을 읽으러
서로 먼저 지상으로 향하듯
가을 단풍이 가슴 속 깊이 묻어두었던
사랑을 불태우고 불태우듯

그대에게 간다 무작정 간다
들판으로 가는 길이어도 좋다
숲으로 가는 길이어도 좋다
산으로 가는 길이어도 좋다
바다로 가는 길이어도 좋다

나에게 미소 짓던 그 곳
애틋함이 잔뜩 묻어있는
바람의 언덕으로
갈 수만 있다면

그대에게 가는 길
멀고도 험한 길 가파른 길
고난을 행복으로 바꾸는 그 길
참사랑과 인간미 넘치는
바람의 언덕으로 가는 길

통곡

남편이 죽었다
새벽에 갑자기 죽었다
떠난다는 말 한 마디 없이 가버렸다
나는 통곡을 할 수가 없다

가슴이 미어터지고
그간 쌓였던 울분을
화산 터지듯 분출 하고픈데
나는 통곡을 할 수가 없다

오랫동안 당하고 살 수밖에 없었던
그 수모 어찌 잊으리
모진 언어폭행은 어떻게 갚으리
한마디 말도 없이 훌쩍 가버린 짝
그래도 나는 통곡을 할 수가 없다

지금껏 가두어 둔
외로움이 폭발해도
가슴에 큰 바위 하나 힘겹게 올려놓고
추적추적 그렇게 울 수밖에 없다

천둥번개도 없이 소나기도 아닌
그저 보슬비가 될 수밖에 없다
천둥번개를 품은 소나기는 곧 오겠지
나는 보슬비처럼 울음을 삼킨다

먼저 간 남편이 불쌍해서도
나는 통곡을 할 수가 없다

빛과 소리

몸 속 구석구석 숨어 있던
또 다른 자아는
앞 다투어 피어나는 꽃처럼
눈부시게 깨어난다

순간마다 찬연한 시간이 아니듯
자국마다 흔적을 남기는 것은 아니다

점에서 출발한 언어는
묵직한 선이 되고
그 선은 삶의 궤적

잠들지 않은 영혼을 깨우는
빛과 소리는
선으로 색으로 다시 피어난
마음의 파장

지금 여기 있음을 확인하는 일
그것은 또 하나의
생명 이식 작업이다

습설 濕雪

눈이 내린다
함박눈이 내린다

이 추운 겨울에
하늘이 얼마나 울었길래
습설이 내리는 걸까?

미처 몰랐다

미처 몰랐다
기다리는 것이 이토록
고통인 줄은

미처 몰랐다
기다림이 병이 된다는 것을

미처 몰랐다
기다림이 그리움보다
더 짙은 회색이라는 것을

미처 몰랐다
그리움은 그리움으로 가려지지만
기다림은 기다림으로
가려지지 않는다는 것을

미처 몰랐다
기다림으로 생긴 병은
불치병 이라는 것을

강물에 띄어 보낸다고

바람에 실어 날린다고
기다림이 사라지지 않으니

기다림이라는 불치병을
치유할 처방전 여태 찾지 못한
나는 돌팔이 정신과 의사다

동짓날 밤

깊어가는 동짓날 밤
고요가 한참이나 머무는 밤

질고를 견디며 하늘의 별을 헤는 나는
하얗게 식어가는 오늘을 저울질하고

아스라한 추억의 끄트머리를 붙잡고 있는 당신은
흐트러진 어제와 오늘을 짜깁기 하고

발자국과 흔적 사이를 헤집어
꿈결 같은 시간의 궤적을 펼쳐 보이는 침묵의 밤

싫증난 침묵은 침묵을 깨우고
당신과 나의 두 뺨에
끝 간 데 없이 흐르는 눈물은
잃어버린 지난 시절을
쓰다듬다 머문다

겨울 새벽 단상

고요가 실안개 위에 살며시 내려앉은 새벽
영혼이 새롭게 눈을 뜨고
가슴 속 깊이에서 우러나는 간절한 새벽 기도

차디찬 겨울바람 마주하며 쓸쓸히 걸어가는 이웃
한 짐 무거운 짐꾸러기 을러메고 엉거주춤 멈춘 나그네
지치고 굶주린 독거 어르신의 한숨 소리

삶의 한 가운데로 스쳐가는 불의 바람이 되어
사랑하는 이들을 살포시 보듬어 줄 수 있다면
구름 헤치고 힘차게 떠오르는 아침 해를 보아도
부끄럽지 않겠지

초승달

떠나는 가을과의 작별이

못내 아쉬워

구름 뒤에 숨어

남 몰래 눈물짓는

초승달

발문跋文

한국 시단에 외계인처럼 착륙한 자연산 시인의 새로운 도전과 삶의 성찰

민윤기 (시인, 문화비평가)

1

시를 쓰는 의사들이 결성한 한국의사시인회가 있다. 또한 수필을 쓰는 의사들이 결성한 한국의사수필가협회도 있다. 필자는 시잡지에서 한국의사시인회의 특집을 한 적도 있고 한국수필가협회의 공동수필집 『아픈 환자 외로운 의사』를 책임편집한 인연이 있어 시와 수필을 쓰는 의사들과 지금도 교유하고 있다. 사적인 자리에서 만나면 그분들은 농담처럼 "나를 '시인의사'라고 해야 합니까?" "아니면 '의사시인'이라고 해야 합니까?"하고 필자에게 질문하곤 하였다. 그 질문에 대답이 궁해져서 늘 "의사시인도 맞고 시인의사도 맞습니다."라며 호칭이 뭐 중요하냐고 대답하곤 하였다.

그러나 내심으로는 딱 하나 호칭을 정하라면 "의사시인" "의사수필가"라고 하는 게 좋겠다고 생각한다. 왜냐하면 시를 쓰는 시인이기 이전에 의사여야 하고 수필가이기 이전에 의사여야 한다고 생각하기 때문이다.

독자들에게 널리 알려진 의사시인들이나 의사수필가

중에는 의사라는 직업으로도 성공하셨지만 시와 수필을 쓰는 문학인으로서도 크게 성공한 분들이 적지 않다. 그런 시인들 중에서 제가 개인적으로 뵌 분들 만해도 마종기 시인, 허만하 시인이 있고, 비교적 젊은 시인으로는 연세의대 김기준 시인, 김현식 시인 등이 있다. 또한 수필 쪽에도 작고한 최신해 박사도 생전에 뵈었고 현재 은혜산부인과 원장인 김애양 수필가, 맹광호 수필가, 이방헌 수필가 등이 있다.

얼마 전에, 시를 쓰는 시인이자 환자를 치료하는 의사들이 결성되어 활동 중인 한국의사시인회가 펴낸 공동시집『바람의 이름으로』에서 "환자는 텍스트"라고 인용되어 있는 멘트를 본 적이 있다. 자신이 치료하는 환자가 텍스트? 신선한 표현이기도 하고 놀라운 발상이기도 해서 기억에 남는다. 아마도 환자를 치료하는 과정 중에 의사는 환자의 호소와 증상과 검사 소견을 기록하게 되는데, 이 일상적인 체험을 통해 '의사는 문학적 해석활동을 하고 이것을 시로 쓸 수 있겠구나' 하며 의사라는 직업적 특성을 가리키는 적절한 코멘트라고 생각하였다.

이번에 네 번째 시집을 펴내는 김정곤 시인은 그런 점에서 한국 시단에는 귀하고 소중한 존재라고 할 수 있다. 마치 손님처럼 '시단'이란 곳에 방문객 신분으로 들어왔다가 시가 좋아 시를 사랑하게 되고, 그래서 시를 쓰고 싶어 시인이 된 반가운 '시인'이다. 따라서 문학의 길로 직진하지는 못했지만 늦은 만큼 더 뜨거운 시적 성

취감으로 무장한, 진정성 있는 '자연산' 시인이기 때문에 더욱 더 한국 시를 풍요롭게 만드는 귀하고 소중한 역할을 맡을 것이다. 특히 정신과 의사로서 사람의 육체적인 결함과 질병보다는 마음이 아픈 환자와 대화하고 치료하면서 정신세계의 이상 현상을 진단하고 살펴왔다는 점에서 그의 입시入詩는 마음의 치유=시적 공감의 출발이라고 할 수 있다.

정신과 의사이면서 시를 쓰는 김정곤 시인에게 이 글을 시작하면서 필자는 영국의 유명한 격언 하나를 알려드리고 싶다. "훌륭한 외과의사는 독수리와 같은 눈과 사자와 같은 마음과 여자와 같은 따뜻한 손이 있다."

당신은 시인입니다
당신은 정신과 의사입니다

하늘을 훨훨 나는 뭉게구름을 보고
공원 놀이터에서 마음껏 뛰어노는 어린이들의
와자지껄한 웃음소리 들으며
들판에 피어 있는 꽃향기를 맡으며
허공을 지나는 한 점 바람을 느끼며
맨몸으로 서서 차디찬 겨울을 견뎌내는
나목을 어루만지며
오감을 통해 시를 짓는
당신은 정신과 의사입니다
험한 세상을 안전하게 건너가게 하는

든든한 다리가 되고
거센 강물을 건너는 쪽배의 사공이 되고
천둥번개가 쏟아지는 바닷가에 홀로 서서
불 밝혀 난파선을 인도하는 등대가 되는 시인인
당신은 정신과 의사입니다

이 세상 모든 시인은
하늘에서 빛나는 별과 같습니다
산에 들에 피어있는 꽃과 같습니다

시인인 당신은
진정한 정신과 의사입니다
―「시인과 정신과 의사」 전문

이 시에서 김정곤 시인은 시인으로서의 자신과 정신과 의사로서의 자신을 같은 인격체로 판단하고 있다. 하늘의 뭉게구름, 놀이터에서 뛰어노는 아이들, 들녘의 꽃향기, 겨울을 견뎌내는 나목…을 어루만지며 "오감을 통해 시를 짓는 당신"에게 험한 세상 건네주는 다리, 쪽배의 사공, 난파선을 인도하는 등대가 되는 시인인 동시에 "당신은 정신과 의사"라는 싯구에서 보여주듯 시인의 심성과 의사의 책무를 모두 지키고자 하는 결의를 표현하고 있다.

2
한때 우리나라 문학평론가들이 필독서처럼 읽고 인용

하기를 즐겼던 영국 문학평론가 I. A 리처즈(1893~1976)는 시를 이렇게 분석하고 있다. "훌륭한 시에 필요한 것들, 예를 들면 깊은 사유^{思惟}, 훌륭한 메시지, 생생한 이미지가 꼭 있어야 한다는 식의 일반론은 한낱 독단에 불과하다. 시는 생각이 없을 경우는 물론이고 의미가 없을 경우에도 거의 성립할 수 있고, 또는 감각적 형식적 구조 없이는 성립할 수 없는 경우에도 궁극의 지점까지 도달한다."

리처즈의 이런 관점과 시각은 그저 낡은 관행으로 시를 쓰던 20세기 전 세계의 시인들에게 새로운 시를 쓰고 그 새로운 시에 대한 도전적 자세와 실험정신이 필요하다고 요구했다. 그가 지적하고 주창한 대로 1950년대를 전후해서 우리나라 시단에도 한동안 모더니즘의 강한 유행을 불러왔다. 그 결과 이제까지 김소월 박목월 서정주 등의 전통적 서정시를 좇고 있던 많은 시인들을 일깨워 주기도 했다.

ㄹ은 뾰족하다
뾰족한 것은 날카롭고 위험하다
뾰족한 것이 날아다니면
누군가에는 깊은 상처를 남긴다

말에도 뾰족한 ㄹ이 달려 있다
무심코 던진 직장상사의 말 한마디에
사표를 던져야 할 만큼 내상이 깊다
던진 자는 모른다 얼마나 아파하는 지를

글에도 날카로운 받침이 달려있다
예사로 쓴 글이 어떤 이에게는 찬사가 되고
어떤 이에게는 비아냥이 된다
같은 시각에 같은 장소에서 보았는데

말은 긴 창끝보다 뾰족하다
작정하고 던진 말에 받은 상처는
쉽게 아물지 않는다
스스로 치유하기엔 버겁다

글은 잘 벼린 칼끝보다 날카롭다
지워도 자국은 여전히 남는다
멍든 가슴에 멍을 덧칠하면
꽈리를 틀고 앉아 옹이가 된다
─「말과 글」 전문

「말과 글」은 이 시집에 수록된 작품 중에서 다른 시인에게서는 좀처럼 만나지 못했던, 새롭고 파격적인 작품이다. 필자가 앞에서 인용한 I.A 리처즈가 제시한 새로운 시론을 따른 게 아니면서도 이런 새로운 시는 쉽게 발견하기 힘들다.

김정곤 시인은 'ㄹ이라는 말'과 'ㄹ이라는 글자'를 비교하여 그 말과 글 때문에 입는 상처를 예리하게 진단하고 있다. 'ㄹ'은 "뾰족하다/ 뾰족한 것은 날카롭고 위험하다"며, 글자뿐만 아니라 "말에도 뾰족한 ㄹ이 달려 있다" "무심코 던진 직장상사의 말 한 마디"에 부하사원은

"사표를 던져야 할 만큼" 아프다고 쓰고 있다. 말뿐만 아니라 "글에도 날카로운 받침이 달려 있다"며, 현대인들이 사용하는 말은 창끝보다 뾰족하고, 글은 예리하게 잘 벼린 칼끝보다 더 날카롭다. 그래서 "지워도 자국이 여전히 남는다"는 것이다. 요즈음 세상 돌아가는 사회를, 정치를, 인간관계를 어쩌면 이렇게 잘 표현할 수 있을까 저절로 찬탄을 하게 되는 수작秀作이다.

「말과 글」과 같은 시적 사유의 전개는 김정곤 시인이 간직하고 있는 스모킹건이자 시적 자산이고 보물이다. 비로소 김정곤 시인의 시적 재능이 곳곳에서 발휘되기 시작한 증표가 아닐까 하는 생각이 든다.

3

"시는 '무엇이 사실이다' 하고 단언하는 것이 아니라 그러한 사실을 우리로 하여금 좀더 리얼하게 느끼도록 해 주는 것이다." T.S 엘리엇(1888~1965)이 남긴 말이다. 그는 이어 "시의 세계로 들어온 철학이론은 붕괴되는 법"이라고도 했다.

그 좋은 예로 김정곤 시인의 시 한 편을 제시한다.

공기를 만져본 적이 있는가?
바람을 만져본 적이 있는가?
마음을 만져본 적이 있는가?
사랑을 만져본 적이 있는가?
낮달이 구름에 가려 보이지 않아도 있다
저녁노을 속으로 해가 사라져도 있다

낮에는 별이 보이지 않아도 있다
강물이 흐르고 흘러 바다로 가도 있다

공기도 있다
바람도 있다
마음도 있다
사랑도 있다

눈에 보이는 것만이
존재하는 것이 아니다
만질 수 있는 것만이
존재하는 것이 아니다

존재하는 것은
마땅히 있다
─「없어도 있다」 부분

4

 늦깎이 시인으로 등단한 김정곤 시인이 등단 후 겪은 어려움과 현재와 같은 시작활동을 계속할 수 있었는지 개인적 사정을 고백한 글이 있다. 시인을 이해하는 좋은 텍스트라고 여겨져서 글의 일부를 소개한다. .

 65세에 늦깎이 등단을 하게 되었는데, 그 다음이 문제였다. 등단을 하기는 했는데 장롱 시인은 되고 싶지 않고 실력은 없으니 다른 도리가 없었다. 고민 고민 끝에 수요일 오후

와 토요일 진료를 접고 본격적으로 문학수업을 받기로 결정했다. 울산대학교 문예교실에 등록을 하고 시 공부를 시작하게 되었다. 등록 후 세 번째 수업시간에 내 시 한 편이 합평회에 올랐는데 지도교수가 내 시를 낭독 후 "뭐 이런 시가 다 있어?"라고 하였다. 나는 다음 수업 시간에 결석했고, 그 다음에도 나가지 않았다.

그 후, 몇 달 동안 글 한 줄 쓰지 못하고 고민만 계속하던 중에 스스로 깨달았다. 머리끝에서 발끝까지 나를 아름답게 꾸밀 수 있는 사람은 오직 나 자신밖에 없다. 그리고는 미친 듯이 남의 글을 읽기 시작했다. 매일 진료 후의 피곤함도 잊은 채 독서를 했는데 실로 어마어마한 양이었다.

-「나의 등단과 나의 스승」 부분

사실은 젊은 시절부터 시인이 되고 싶었다. 하지만 김정곤 시인은, 끝내 자기의 고집을 관철한 윤동주 시인과는 사정이 달랐다. 사회적 대우도 좋고 안정적인 직업인 의사가 되라는 부모님의 소망에 따라 의과대학에 입학해 졸업 후 의사가 되었고, 환자를 치료하는 데 평생을 바쳤다.

그러나 그토록 시인이 되고 싶었던 자신의 소망을 계속 숨겨두고 평생을 허비(?)할 수는 없었다. 결국 김정곤 시인은 65세라는 나이에 늦깎이 시인으로 등단했고, 지금은 누구보다도 활발하게 시작 활동을 하는 시인으로 변신했다.

등단한 후부터 김정곤 시인은 여느 늦깎이 시인들과는 다른 라이프스타일을 선택했다. 젊은이들 못지않게 블로그, 밴드 활동, 인터넷 카페 등에 가입하는 등 디지털

활동을 통해 독자들과 소통하거나 시인들과의 교유도 적극적으로 하고 있다. 이런 자세와 훌륭한 글을 쓰겠다는 열정은 65세 늦은 나이에 등단했음에도 시집 『자화상』, 『지금, 여기에』, 『침묵의 말』 등 3권의 시집과 수필집, 논픽션집 등을 출간하는 등의 알찬 결실을 이루었다. 「나의 등단과 나의 스승」에서도 밝힌 것처럼 김정곤 시인의 지속적이고 엄청난 양의 독서가 창작의 동력이 되었음은 물론이다.

    김정곤 시인에게, 시는 생활이자 삶의 목표이며 노년의 흔들리는 영혼을 지키는 기본이다. 그의 심회心懷를 잘 표현한 시 한 편을 인용한다.

>   내가 시를 쓰는 이유는
>   아직도 인간이 덜 되었다는 것이지
>
>   내가 늦깎이 시를 쓰는 이유는
>   내다버릴 쓰레기가 너무 많다는 것이지
>
>   내가 시를 버리지 못하는 이유는
>   시시한 이야기에도 철학이 있어서지
>
>   내가 시를 사랑하는 이유는
>   사람이 그리운 것이지
>
>   내가 한참 모자란 시를 쓰는 이유는
>   그리움을 그리움으로 달랠 수 있어서지

내가 시를 쓰는 진짜 이유는
마냥 시를 사랑하는 때문이지

사랑하는데 무슨 이유가 필요한가
첫사랑을 아직 못 잊는 것과 같지
-「내가 시를 쓰는 이유」전문

5

　필자가 이 글의 성격을 '평설'이라 하지 않고 '발문跋文'이라고 한 이유가 있다. 시집 한 권에 담긴 모든 시를 한 편 한 편 살펴보고 그 이면에 가려져 있는 시인의 시적 동기와 기술적, 문학적 완성도를 따지는 데는 상당한 시간이 필요하다. 또한 시인이 심혈을 기울여 쓴 노작勞作에 대해 자칫 무례한 평가를 하는 것은 무례라고 판단해 인상 비평에 가까운 '가벼운' 발문 형식을 택한 것이다.

　필자가 김정곤 시인은 알게 된 것은 그리 오래 되지는 않았다. 아마 시인이 고백한 것처럼 등단한 뒤 인터넷 문학 카페 등에 가입하여 활동하던 중에 서울시인협회의 네이버 카페에 가입한 뒤부터일 것이다.
　김정곤 시인은 카페에 가입하자마자 습작 시를 자주 게시하는 등 젊은 시인 못지않게, 아니 젊은 시인들보다 더 자주, 더 적극적으로 활동하였다. 그래서 대한민국 대표 시전문지를 지향하는 『월간시인』과도 인연을 맺게 되어, 신작도 발표하면서 관심을 갖게 되었다. 김정곤 시인이 두 번째, 세 번째 시집을 출판하는 모습에서, 상투적인 표현이기는 하지만 '노익장老益壯'의 관록과 '젊은 정신연령을 소유한 시인'이라는 점에서 배울 점이 많은 시인이라고 존경하게 되었다.

김정곤 시인을, 처음에 필자는 정신과 의사이자 시인이고, 거처하는 지역도 서울에서 천 리 먼 곳 울산이어서, 마치 우주에서 예기치 않게 지구별의 '시인마을'을 찾아온 외계인 같은, 그러나 특별한 방문객으로 느꼈다.

그런데 해를 넘길 무렵에 서울시인협회가 주관한 『이근배 회고록』 북콘서트 행사에 참석한 김정곤 시인을 뵈었다. 첫 인상은 바로 이웃에 사는 '청년' 같은 열정을 지닌 시인의 풍모였다. 그래서 시집의 발문을 필자가 맡겠다고 자청하게 되었다.

시집의 표제標題로 정한 시 「바보인 내가 좋다」를 소개하며 글을 마친다. 정말 귀하고 소중한 시인 한 분을 소개한 행복을 느끼면서….

> 칠순을 넘긴 여태도 무엇을 잘못 하고 있는지 모른다
> 내 손에 쥐어준 떡도 얼른 먹지 못해 주춤거리다 빼앗기고
> 울고만 서 있던 일곱 살 때나
> 퍼주지 못해 안달 난 지금이나
> 나는 바보처럼 산다
> 무엇이든 자기 것은 소중한 법인데
> 여태도 나는 무엇이 소중한 것인지 모른다
> 산수는 지독히도 못해 매번 틀린다

더하기를 해도 시원찮은 삶인데
자꾸 빼기만 한다

통장에 적혀 있는 숫자를 보며 정산하면
바보로 살고 있는 것 같기는 한데
언제 어디쯤에서 사달이 난 것인지
어쩌다가 잔고 바닥이 보이는지
나는 모른다

연말정산을 할 때면
해마다 듣는 아내의 지청구
제발 이제 바보짓 좀 그만 하세요
이 소리 올해는 안 듣고 싶었는데
말짱 도루묵이다

나이 들면 저절로 철든다 했는데
아는 것도 생긴 것도 찰지지 못하니
세월이 가면 밥보나 바보 아닌 정신과의사가 되려나
그저 나를 바라보기만 해도 행복해진다면
지금도 나는 바보인 내가 좋다
-「바보인 내가 좋다」 전문